AF358156

8° F Pièce
2247.

RÉPUBLIQUE FRANÇAISE.

MINISTÈRE DE LA GUERRE.

DÉCISION PRÉSIDENTIELLE

DU 18 JANVIER 1895

PORTANT FIXATION DES

TARIFS DE SOLDE

ET ACCESSOIRES DE SOLDE

A APPLIQUER AUX PERSONNELS FAISANT PARTIE

DE

L'EXPÉDITION DE MADAGASCAR

(Extrait du *Bulletin officiel*, partie supplémentaire, année 1895.)

<table>
<tr><td>PARIS</td><td>LIMOGES</td></tr>
<tr><td>13, PLACE SAINT-ANDRÉ-DES-ARTS.</td><td>46, NOUVELLE ROUTE D'AIXE, 46.</td></tr>
</table>

HENRI CHARLES-LAVAUZELLE

Éditeur militaire.

1895

BULLETIN OFFICIEL

DU

MINISTÈRE DE LA GUERRE.

1895. **PARTIE SUPPLÉMENTAIRE.** N° 4.

SOMMAIRE.

N° 6. *Décision présidentielle portant fixation des tarifs de
solde et accessoires de solde à appliquer aux personnels fai-
sant partie de l'expédition de Madagascar.* (5° Direction ;
Solde et Indemnité de route.)

Paris, le 18 janvier 1895.

Rapport au Président de la République française.

Monsieur le Président,

La loi du 7 décembre 1894 a mis à ma disposition des crédits
pour le paiement de la solde et des indemnités diverses payées,
sur les fonds de la solde et de l'indemnité de route, aux militaires
de l'armée de terre et de l'armée de mer qui doivent faire partie
du corps expéditionnaire de Madagascar.

Pour l'emploi de ces crédits, je crois devoir vous soumettre
diverses propositions relatives à la détermination du taux des
allocations.

Tout d'abord, pour les troupes de l'armée de mer qui doivent,
concurremment avec celles de l'armée de terre, prendre part à
l'expédition, il m'a semblé qu'il convenait de les traiter d'après
les tarifs spéciaux pour les troupes de la marine employées aux
colonies.

Je me bornerai donc, dans l'espèce, à vous proposer de déter-
miner les tarifs de solde en ce qui concerne les troupes de l'armée
de terre.

1° *Solde des officiers.*

Les tarifs coloniaux comportent pour les officiers de même

grade des soldes différentes, selon les armes auxquelles ils appartiennent, alors que les tarifs établis pour l'unification des soldes ont créé, sur le pied de France, une solde unique applicable à tous les officiers du même grade et, le cas échéant, de même classe dans le grade. Il y a lieu d'ajouter que les tarifs coloniaux ne prévoient que deux soldes pour les capitaines de même arme, au lieu de la solde progressive, la même pour toutes les armes et comprenant quatre soldes différentes, selon l'ancienneté dans le grade.

Dans ces conditions, et afin d'avoir pour les officiers de l'armée de terre de même grade, de même classe et de même ancienneté dans le grade, des allocations uniformes, il m'a semblé qu'il convenait de leur attribuer, pendant la durée de l'expédition, la solde de France et, le cas échéant, l'indemnité de monture, sauf, pour les mettre sur le même pied que les officiers des corps de troupe de la marine, à leur allouer, sous forme d'indemnité de séjour, un supplément représentant d'une manière générale, pour avoir une fixation unique par grade, la différence entre la solde coloniale la plus élevée et la solde de France avec l'indemnité de monture réunies.

Il m'a paru aussi qu'il était équitable, comme cela a eu lieu pendant l'expédition du Tonkin, d'attribuer aux intéressés une indemnité en marche calculée de façon à leur tenir compte des conditions particulièrement difficiles dans lesquelles ils se trouveront pendant leur séjour à Madagascar.

J'ai fait, en conséquence, préparer le tarif ci-joint, portant le n° 1 et comprenant :

La solde proprement dite ;
L'indemnité de séjour à Madagascar, l'indemnité de monture et l'indemnité en marche.

L'indemnité de séjour à Madagascar serait attribuée du jour du débarquement au jour du rembarquement pour la France ; elle resterait acquise aux intéressés pendant la durée des séjours dans les ambulances et les hôpitaux de campagne.

L'indemnité de monture sera, comme la solde, perçue dans les conditions réglementaires pendant toute la durée de l'expédition, y compris les journées d'aller et de retour.

Quant à l'indemnité en marche, elle devra, comme l'indemnité de séjour, être allouée du jour du débarquement au jour du rembarquement pour rentrer en France. Mais, pendant les journées passées dans les hôpitaux et les ambulances, les parties prenantes reverseront le montant de l'indemnité en marche au service de santé, à titre de somme représentative de frais de nourriture.

2° *Solde des hommes de troupe.*

Afin de maintenir la dépense dans la limite des crédits, j'ai pensé qu'il convenait, tout en fixant, pour les militaires de l'armée de terre qui doivent faire partie du corps expéditionnaire de Madagascar, la solde à pied au chiffre de la solde de l'infanterie de marine employée aux colonies, de conserver, pour la détermination de la solde à cheval à Madagascar, la proportion existant actuellement entre la solde à pied et la solde à cheval telles qu'elles sont déterminées par le tarif du 27 décembre 1890.

La solde des indigènes des régiments de tirailleurs algériens m'a paru également devoir être déterminée en augmentant leur solde spéciale actuelle d'une somme égale à la différence existant entre la solde de l'infanterie de marine aux colonies et la solde prévue pour les troupes à pied par le tarif n° 4 annexé au décret du 27 décembre 1890.

Enfin, il m'a semblé qu'il convenait, en outre, d'attribuer :

1° Aux sous-officiers rengagés mariés, une indemnité de séjour fixée à 50 centimes par jour, quel que soit le grade ;

2° Aux sous-officiers, caporaux ou brigadiers et soldats, l'indemnité en marche de 5 centimes prévue pour les troupes de la marine employées aux colonies.

Le tarif n° 2 ci-joint a été établi d'après les bases qui précèdent ; il comprend :

1° La solde des chefs armuriers ;
2° La solde à pied ;
3° La solde à cheval ;
4° La solde spéciale des tirailleurs indigènes ;
5° L'indemnité de séjour pour les sous-officiers rengagés mariés et l'indemnité en marche pour tous les hommes de troupe (sous-officiers et soldats).

Les allocations de solde prévues au tarif n° 2 précité seront attribuées du jour du débarquement à Madagascer jusqu'au jour du rembarquement pour rentrer en France.

Pendant les traversées, les hommes de troupe continueront de recevoir la solde sur le pied des tarifs du 27 décembre 1890.

L'indemnité de séjour aux sous-officiers rengagés mariés sera due pendant la durée du séjour dans l'île, même pour les journées passées dans les hôpitaux et ambulances.

Quant à l'indemnité en marche, elle sera attribuée seulement pour les journées de présence passées sur le sol de Madagascar, à l'exclusion du temps passé dans les hôpitaux et ambulances.

3° *Hautes payes d'ancienneté.*

Suivant les dispositions réglementaires applicables à l'armée de mer, le taux des hautes payes est doublé pour les sous-officiers employés aux colonies pendant toutes les journées donnant droit à la solde coloniale.

En outre, le décret du 4 août 1894 a prévu des hautes payes particulières pour les caporaux, brigadiers et soldats rengagés de l'armée coloniale, après un certain temps de service.

Il m'a semblé que des dispositions analogues devaient également être prises à l'égard des hommes de troupe rengagés de l'armée de terre (sous-officiers, brigadiers ou caporaux et soldats) appelés à faire partie du corps expéditionnaire de Madagascar.

Le tarif n° 3 ci-joint donne le taux des hautes payes qui seront attribuées du jour du débarquement à Madagascar au jour du rembarquement, dans toutes les positions pour les sous-officiers rengagés ou commissionnés, et en position de présence seulement pour les caporaux ou brigadiers et soldats.

4° *Indemnité de rengagement.*

Par analogie avec les dispositions qui ont été appliquées lors de l'expédition du Tonkin, les sous-officiers rengagés doivent, au point de vue des allocations spéciales de rengagement, être traités, pendant leur séjour à Madagascar, comme les sous-officiers rengagés de l'armée de mer.

Par suite, il y aura lieu, pour les sous-officiers accomplissant à Madagascar une partie d'un rengagement avec prime :

1° De décompter la part proportionnelle de prime acquise du jour du débarquement au jour de l'expiration du rengagement ou au jour de rembarquement pour la France, d'après les fixations prévues par le tarif n° 4 de la loi du 18 mars 1889;

2° D'attribuer aux intéressés, pour la même période, la gratification annuelle sur le même pied que les sous-officiers rengagés des troupes de la marine.

Les sous-officiers contractant un rengagement pendant leur séjour à Madagascar recevront également la totalité de la première mise d'entretien prévue pour un rengagement de même nature et de même durée dans l'armée de mer.

Quant aux caporaux ou brigadiers et soldats qui souscriraient un rengagement dans la limite d'une première période de rengagement de cinq ans pendant leur séjour à Madagascar, ils recevraient les primes prévues par le décret du 29 mai 1890, lesquelles sont d'ailleurs égales à celles déterminées pour les troupes de la marine.

Ils recevront en outre les gratifications annuelles prévues pour les militaires du même grade rengagés dans l'armée de mer.

Le tarif n° 4 ci-joint reproduit les allocations dont il s'agit.

5° *Indemnité d'entrée en campagne.*

Les officiers et assimilés, employés militaires sous-officiers, adjudants et assimilés appelés à faire partie du corps expéditionnaire de Madagascar auront droit à l'indemnité d'entrée en campagne, suivant le taux déterminé par le décret du 27 décembre 1890. L'indemnité sera, d'une manière générale, payée au port d'embarquement en France ou en Algérie; elle pourra toutefois être perçue, sur autorisation spéciale, au point de départ de la garnison.

Les sous-officiers promus adjudants ou officiers pendant la durée de l'expédition ont droit à l'indemnité d'entrée en campagne prévue par le tarif colonial. Les adjudants promus officiers ainsi que les officiers nommés à un nouveau grade pendant l'expédition percevront également un complément d'indemnité d'entrée en campagne égal à la différence existant entre l'indemnité déterminée pour le grade supérieur aux colonies et celle prévue, sur le pied de France, pour leur ancien grade.

Le tarif n° 5 ci-joint détermine les indemnités d'entrée en campagne sur le pied de France et les indemnités sur le pied colonial de façon à établir le décompte des allocations et compléments d'après les bases qui précèdent.

<h3 align="center">6° Avances de solde.</h3>

Les officiers pourront percevoir, avant leur départ des garnisons et sur autorisation spéciale, trois mois d'avance de solde sur le pied de France ; il en est de même des sous-officiers employés militaires.

Les troupes marchant en corps ou en détachement percevront sur état de solde spécial un mois d'avance de solde sur le pied des tarifs du 27 décembre 1890.

L'imputation des avances aura lieu sur les fonds du service courant, sauf imputation définitive dans les conditions qui seront déterminées ultérieurement.

<h3 align="center">7° Rations de fourrages, de vivres et de chauffage.</h3>

Les rations de fourrages seront attribuées d'après les fixations du tarif du 16 mai 1894 (pied de guerre); quant aux rations de vivres et de chauffage, elles sont déterminées par le tarif n° 6 ci-joint.

Les indemnités de frais de service et de bureau seront déterminées ultérieurement, c'est-à-dire lorsque la composition et les formations du corps expéditionnaire seront arrêtées d'une manière définitive.

Quant au mode de comptabilité et d'imputation de la dépense, il sera déterminé, en temps utile, par une instruction ministérielle.

Si vous approuvez ces propositions, j'ai l'honneur de vous prier de vouloir bien revêtir de votre signature le présent rapport.

Veuillez agréer, Monsieur le Président, l'hommage de mon respectueux dévouement.

Le Ministre de la guerre,
Signé : A. MERCIER.

APPROUVÉ :
Le Président de la République,
Signé : FÉLIX FAURE.

TARIF N° 1.

1° *Solde des officiers, assimilés et employés militaires.*

DÉSIGNATION DES GRADES ET EMPLOIS.	SOLDE budgétaire par an.	RETE-NUE à déduire	SOLDE NETTE			SOLDE nette d'ab-sence par jour.	INDEMNITÉ JOURNALIÈRE		
			par an.	par mois.	par jour.		de séjour (2).	de monture (1).	en marche (2).
	fr. c.	fr. c.	fr. c.	fr. c.	fr. c.	fr. c.	fr. c.	fr. c.	fr. c.
Général de division..........................	19.894 74	994 74	18.900 »	1.575 »	52 50	26 25	65 95	»	5 »
Général de brigade......................... Intendant militaire.......................... Médecin ou pharmacien inspecteur.............	13.263 16	663 16	12.600 »	1.050 »	35 »	17 50	38 85	»	5 »
Colonel .... Sous-intendant militaire de 1re classe .... Médecin ou pharmacien principal de 1re classe ..	8.564 21	428 21	8.136 »	678 »	22 60	11 30	11 40	1 50	4 »
Lieutenant-colonel........................ Sous-intendant militaire de 2e classe .... Médecin ou pharmacien principal de 2e classe... Vétérinaire principal de 1re classe.............	6.934 74	346 74	6.588 »	549 »	18 30	9 15	9 70	1 50	4 »
Chef de bataillon, d'escadron ou major.......... Sous-intendant militaire de 3e classe............ Médecin ou pharmacien-major de 1re classe...... Vétérinaire principal de 2e classe............... Officier d'administration principal............... Officier d'administration principal greffier....... Garde d'artillerie principal de 1re classe......... Adjoint du génie principal de 1re classe.......... Contrôleur d'armes principal de 1re classe....... Archiviste principal de 1re classe............... Interprète principal........................	5.797 90	289 90	5.508 »	459 »	15 30	7 65	8 30	1 50	4 »
Capitaine........................ Adjoint à l'intendance........... Médecin ou pharmacien-major de 2e classe................. Vétérinaire en premier......... } Après 13 ans dans le grade.	4.357 89	217 89	4.140 »	345 »	11 50	5 75	6 90	0 50	3 »
Officier d'administration de 1re classe (3)..................... Officier d'administration greffier de 1re classe (3)............... Officier d'administration comptable de 1re classe (3)........ Garde d'artillerie principal de 2e classe (3).................. Adjoint du génie principal de 2e classe (3)..................... Contrôleur d'armes principal de 2e classe (3)................. Archiviste principal de 2e cl. (3). Interprète de 1re classe (3)..... } Après 13 ans à partir de la nomination à la classe immédiatement inférieure.	4.357 89	217 89	4.140 »	345 »	11 50	5 75	6 90	0 50	3 »
Capitaine....................... Adjoint à l'intendance.......... Médecin ou pharmacien-major de 2e classe................... Vétérinaire en 1er............. } Après 10 ans dans le grade.									
Officier d'administration de 1re classe (3)................ Officier d'administration greffier de 1re classe (3)........... Officier d'administration comptable de 1re classe (3)........ Garde d'artillerie principal de 2e classe (3)................. Adjoint du génie principal de 2e classe (3)................. Contrôleur d'armes principal de 2e classe (3).............. Archiviste principal de 2e cl. (3). Interprète de 1re classe (3)..... } Après 10 ans à partir de la nomination à la classe immédiatement inférieure.	3.978 95	198 95	3.780 »	315 »	10 50	5 25	6 90	0 50	3 »

(1) L'indemnité de monture n'est attribuée qu'aux officiers qui sont réglementairement montés.

(2) L'indemnité de séjour et l'indemnité ou marche ne sont pas dues pendant la traversée.

(3) Les catégories ci-dessus bénéficient seules des augmentations progressives, lesquelles ne peuvent jamais profiter aux officiers d'administration de 2e classe, greffiers de 2e classe, comptables de 2e classe, gardes d'artillerie de 1re classe, adjoints du génie de 1re classe, contrôleurs d'armes de 1re classe, archivistes de 1re classe, interprètes de 2e classe. qui ne seraient pas promus au grade ou à la classe supérieure, quelle que soit, d'ailleurs, leur ancienneté dans le grade.

DÉSIGNATION DES GRADES ET EMPLOIS.		SOLDE budgétaire par an.	RETENUE à déduire	SOLDE NETTE par an.	par mois.	par jour.	SOLDE nette d'absence par jour.	INDEMNITÉ JOURNALIÈRE de séjour (2).	de monture (1).	en marche (2).
		fr. c.	fr. c.	fr. c.	fr. c.	fr. c.	fr. c.	fr. c.	fr. c.	fr. c.
Capitaine	Après 6 ans dans le grade.									
Adjoint à l'intendance										
Médecin ou pharmacien-major de 2º classe										
Vétérinaire en 1er										
Officier d'administration de 1re classe (3)	Au moment de la promotion à la classe.	3.600 »	180 »	3.420 »	285 »	9 50	4 75	6 90	0 50	3 »
Officier d'administration greffier de 1re classe (3)										
Officier d'administration comptable de 1re classe (3)										
Garde d'artillerie principal de 2º classe (3)										
Adjoint du génie principal de 2e classe (3)										
Contrôleur d'armes principal de 2e classe (3)										
Archiviste principal de 2e cl. (3).										
Interprète de 1re classe (3)										
Capitaine	Avant 6 ans de grade.									
Adjoint à l'intendance										
Médecin ou pharmacien-major de 2º classe										
Vétérinaire en 1er										
Officier d'administration de 2º classe		3.221 05	161 05	3.060 »	255 »	8 50	4 25	6 90	0 50	3 »
Officier d'administration greffier de 2e classe										
Officier d'administration comptable de 2e classe										
Garde d'artillerie de 1re classe										
Adjoint du génie de 1re classe										
Contrôleur d'armes de 1re classe										
Archiviste de 1re classe										
Interprète de 2e classe										

DÉSIGNATION DES GRADES ET EMPLOIS.		SOLDE budgétaire par an.	RETENUE à déduire	SOLDE NETTE par an.	par mois.	par jour.	SOLDE nette d'absence par jour.	INDEMNITÉ JOURNALIÈRE de séjour (2).	de monture (1).	en marche (2).
Lieutenant en 1er ou de 1re classe	1re moitié de la liste									
Médecin ou pharmacien aide-major de 1re classe										
Vétérinaire en 2º										
Officier d'administration adjoint de 1re classe		2.842 11	142 11	2.700 »	225 »	7 50	3 75	5 60	0 50	3 »
Officier d'administration greffier de 3e classe										
Officier d'administration aide-comptable de 1re classe										
Garde d'artillerie de 2e classe										
Adjoint du génie de 2e classe										
Contrôleur d'armes de 2e classe										
Archiviste de 2e classe										
Interprète de 3e classe										
Lieutenant en 2e ou de 2e classe	2º moitié de la liste.									
Médecin ou pharmacien aide-major de 1re classe										
Vétérinaire en 2º										
Officier d'administration adjoint de 1re classe		2.652 63	132 63	2.520 »	210 »	7 »	3 50	5 60	0 50	3 »
Officier d'administration greffier de 3e classe										
Officier d'administration aide-comptable de 1re classe										
Garde d'artillerie de 2e classe										
Adjoint du génie de 2e classe										
Contrôleur d'armes de 2e classe										
Archiviste de 2e classe										
Interprète de 3e classe										
Sous-lieutenant										
Médecin ou pharmacien aide-major de 2º classe		2.463 16	123 16	2.340 »	195 »	6 50	3 25	5 60	0 50	3 »
Aide-vétérinaire										

(1) L'indemnité de monture n'est attribuée qu'aux officiers qui sont réglementairement montés.

(2) L'indemnité de séjour et l'indemnité en marche ne sont pas dues pendant la traversée.

(3) Les catégories ci-dessus bénéficient seules des augmentations progressives, lesquelles ne peuvent jamais profiter aux officiers d'administration de 2e classe, greffiers de 2e classe, comptables de 2e classe, gardes d'artillerie de 1re classe, adjoints du génie de 1re classe, contrôleurs d'armes de 1re classe, archivistes de 1re classe, interprètes de 2e classe, qui ne seraient pas promus au grade ou à la classe supérieure, quelle que soit, d'ailleurs, leur ancienneté dans le grade.

DÉSIGNATION DES GRADES ET EMPLOIS.	SOLDE budgétaire par an.	RETENUE à déduire	SOLDE NETTE par an.	par mois.	par jour.	SOLDE nette d'absence par jour.	INDEMNITÉ JOURNALIÈRE de séjour (2)	de monture (1)	en marche (2)
	fr. c.	fr. c.	fr. c.	fr. c.	fr. c	fr. c.	fr. c.	fr. c.	fr. c.
Officier d'administration adjoint de 2e classe									
Officier d'administration greffier de 4e classe									
Officier d'administration aide-comptable de 2e classe............	2.463 16	123 16	2.340 »	195 »	6 50	3 25	5 60	0 50	3 »
Garde d'artillerie de 3e classe..................									
Adjoint du génie de 3e classe..................									
Contrôleur d'armes de 3e classe..............									
Archiviste de 3e classe									
Interprète auxiliaire de 1re classe..............	1.894 74	94 74	1.800 »	150 »	5 »	2 50	5 60	0 50	3 »
Interprète auxiliaire de 2e classe..............	»	»	»	»	»	»	»	»	»
Aumôniers (3).									

(1) L'indemnité de monture n'est attribuée qu'aux officiers qui sont réglementairement montés.
(2) L'indemnité de séjour et l'indemnité en marche ne sont pas dues pendant la traversée.
(3) Les aumôniers employés au corps expéditionnaire sont traités, pour la solde et les indemnités ci-dessus, comme les capitaines après six ans dans le grade.

— 114 —

2° *Solde des sous-officiers employés militaires.*

GRADES ET EMPLOIS.	SOLDE budgétaire par an.	RETENUE à déduire.	SOLDE NETTE par an.	par mois.	par jour.	SOLDE NETTE d'absence par jour.	INDEMNITÉ JOURNALIÈRE de séjour.	en marche
	fr. c.	fr. c.	fr. c.	fr. c.	fr. c.	fr. c.	fr. c.	fr. c.
1° *Etat-major particulier de l'artillerie.*								
Ouvrier d'état... de 1re classe...............	1.946 94	38 94	1.908 »	159 »	5 30	2 65		
de 2e classe...............	1.763 26	35 26	1.728 »	144 »	4 80	2 40	»	1 »
Gardien de batterie de 1re classe...............	1.946 94	38 94	1.908 »	159 »	5 30	2 65		
de 2e classe...............	1.763 26	35 26	1.728 »	144 »	4 80	2 40		
2° *Etat-major particulier du génie.*								
Ouvrier d'état... de 1re classe...............	1.946 94	38 94	1.908 »	159 »	5 30	2 65	2 »	1 »
de 2e classe...............	1.763 26	35 26	1.728 »	144 »	4 80	2 40		
Portier - consigne (1) de 1re classe...............	1.322 45	26 45	1.296 »	108 »	3 60	1 80		
de 2e classe...............	1.285 71	25 71	1.260 »	105 »	3 50	1 75	2 »	1 »
de 3e classe...............	1.102 04	22 04	1.080 »	90 »	3 »	1 50		
Sous-officier stagiaire du génie (2)...............	1.728 »	»	1.728 »	144 »	4 80	2 40	2 »	1 »
3° *Sous-officiers de la justice militaire* (3).								
Adjudant........ Commis-greffier de 1re classe. / Greffier de 1re classe........ / Agent principal de 1re classe.	1.656 »	»	1.656 »	138 »	4 60	2 30	2 »	1 »
Adjudant........ Commis-greffier de 2e classe.. / Greffier de 2e classe........ / Agent principal de 2e classe.	1.368 »	»	1.368 »	114 »	3 80	1 90	2 »	1 »
Sergent-major de la justice militaire............	1.296 »	»	1.296 »	108 »	3 60	1 80	2 »	1 »
Sergent huissier-appariteur .... / Sergent et sergent-fourrier de la justice militaire.	1.260 »	»	1.260 »	105 »	3 50	1 75	2 »	1 »

(1) La solde des portiers-consignes reste passible de la retenue de 2 p. 100. — (2) La solde d'absence n'est allouée qu'aux rengagés ou commissionnés.
(3) Les sous-officiers des corps remplaçant momentanément des agents de la justice militaire absents reçoivent, seulement pour les journées de présence dans leur emploi momentané, le traitement attribué aux sergents de la justice militaire, à l'exclusion de la haute paye d'ancienneté.
Toutefois, si les allocations que ces sous-officiers recevaient à leur corps étaient supérieures à celles auxquelles ils auraient droit en raison de leur emploi dans la justice militaire, ils recevraient leurs allocations antérieures.

— 115 —

TARIF N° 2. — *Solde et accessoires de solde pour les hommes de troupe.*

1° ARMURIERS.

DÉSIGNATION.	SOLDE PAR JOUR de présence.	d'absence. (1)
Corps de troupes de toutes armes............... Chef armurier de 1re classe........................	4 13	2 07
Chef armurier de 2e classe........................	2 35	1 18
Escadrons du train des équipages militaires....... Brigadier armurier........................	1 50	»

(1) La solde d'absence n'est due qu'aux sous-officiers rengagés ou commissionnés.

2° Solde a pied.

CORPS D'INFANTERIE. (Militaires indigènes des trois premiers régiments de tirailleurs algériens exceptés, et y compris les militaires indigènes du 4ᵉ régiment de tirailleurs.) SECTIONS DIVERSES.	CORPS DE L'ARTILLERIE.	RÉGIMENTS DU GÉNIE.	SOLDE PAR JOUR		
			DE PRÉSENCE.		D'ABSENCE(1)
			Rengagés ou commissionnés	Non rengagés.	Rengagés ou commissionnés
			fr. c.	fr. c.	fr. c.
Adjudant............................	»	»	3 14	2 89	1 57
Adjudant élève d'administration,,,					
Tambour-major....................					
Sergent-major clairon ou chef de fanfare.........................	»	»	1 95	1 70	0 98
Sergent-major.....................	»	»	1 65	1 40	0 83
Sergent et sergent fourrier........	»	»	1 35	1 10	0 68
Caporal fourrier..................	»	»	»	0 90	»
Caporal...........................					
Caporal tambour ou caporal clairon.	»	»	»	0 65	»
Caporal sapeur....................					
Musicien après dix ans de fonctions.					
Tambour et clairon...............	Artificier des batteries montées et des batteries à pied...	Maître ouvrier Tambour et clairon.....	»	0 63	»
Sapeur	Trompette (artillerie à pied)...................... Compagnies d'ouvriers....................... Compagnies d'artificiers..................... Maître ouvrier (compagnie d'ouvriers)........... Maître artificier (compagnie d'artificiers)........				
Soldat et soldat musicien........	Canonnier servant des batteries à pied et des batteries montées........................... Ouvrier en fer et en bois des batteries à pied et des batteries montées....................... Ouvrier des compagnies d'ouvriers.............. Artificier des compagnies d'artificiers,.......... Élève musicien et soldat musicien..........	Sapeur mineur Soldat musicien et élève-musicien	»	0 48	»
Élève musicien...................					

(1) La solde d'absence n'est due qu'aux sous-officiers rengagés ou commissionnés.

CORPS DE LA CAVALERIE.	CORPS DE L'ARTILLERIE.	RÉGIMENTS DU GÉNIE.	ESCADRONS DU TRAIN des ÉQUIPAGES MILITAIRES.	SOLDE PAR JOUR		
				de présence.		d'absence. (1)
				Rengagés ou commissionné⁵	Non rengagés.	Rengagés ou commissionné⁵
				fr.	fr.	fr.
Adjudant...........	Adjudant............,...	Adjudant............,..	Adjudant.............	3 29	3 04	1 65
Maréchal des logis trompette-major..	»	Tambour-major.......	»	1 95	1 70	0 98
Maréchal des logis chef	Chef artificier .... Maréchal des logis chef.	Sergent-major .... Maréchal des logis chef.	Maréchal des logis chef.	1 80	1 55	0 90
Maréchal des logis et maréchal des logis fourrier	Maréchal des logis.... Maréchal des logis fourrier................,, Maréchal des logis trompette........... Sous-chef artificier ...	Sergent et sergent fourrier .... Maréchal des logis et maréchal des logis fourrier...............	Maréchal des logis et maréchal des logis fourrier..,..........	1 50	1 25	0 75
Brigadier fourrier..	Brigadier fourrier.....	Caporal fourrier.	Brigadier fourrier.....	»	1 10	»
Brigadier, brigadier trompette........	Brigadier............. Brigadier trompette... Musicien après 10 ans de fonctions (2).....	Caporal tambour ou clairon .... Musicien après 10 ans de fonctions (2)..... Caporal............... Brigadier.............	Brigadier............. Brigadier trompette...	»	0 75	»
Trompette.........	Trompette des régiments d'artillerie ... Artificier des batteries à cheval	Trompette............	Trompette,...........	»	0 68	»
Cavalier...........	Canonnier servant des batteries à cheval... Canonnier conducteur (a)............. Aide-maréchal ferrant. Bourrelier	Sapeur conducteur....	Soldat..............,....	»	0 50	»

(1) La solde d'absence n'est due qu'aux sous-officiers rengagés ou commissionnés.
(2) La solde de caporal ou brigadier peut être allouée aux musiciens après 10 ans de fonctions, mais cet avantage n'est jamais concédé à plus de la moitié de l'effectif de la section de musique. — (a) Y compris ceux des batteries de montagne.

4° Solde des indigènes des régiments de tirailleurs.

DÉSIGNATION DES GRADES.	SOLDE de présence par jour.	DÉSIGNATION DES GRADES.	SOLDE de présence par jour.
Adjudant	3 fr. 24	Caporal tambour ou clairon	1 fr. 35
Sergent-major clairon ou chef de fanfare	2 10	Caporal sapeur	1 35
Sergent-major	1 80	Caporal	1 10
Sergent et sergent fourrier	1 50	Sapeur, tambour ou clairon	1 03
Caporal fourrier	1 35	Soldat	0 70

Accessoires de solde.

DÉSIGNATION.	INDEMNITÉ JOURNALIÈRE de séjour.	en marche.
Sous-officiers rengagés mariés	0 fr. 50	0 fr. 05
Autres sous-officiers, caporaux ou brigadiers et soldats	»	0 05

TARIF N° 3. — *Hautes payes d'ancienneté.*

DÉSIGNATION.	1re haute paye.	2e haute paye.	3e haute paye.
	Hautes payes mensuelles.		
Sous-officiers rengagés et commissionnés de tous grades dans les conditions de la loi du 18 mars 1889.	18 f. »	30 f. »	42 f. »
	Hautes payes journalières.		
Sous-officiers rengagés ou commissionnés sous l'empire des lois antérieures à la loi du 18 mars 1889.	0 60	1 »	1 40
Caporaux, brigadiers rengagés ou commissionnés (quelle que soit la loi sous l'empire de laquelle ils ont été rengagés ou commissionnés) (1)	0 60	1 »	»
Soldats rengagés ou commissionnés (quelle que soit la loi sous l'empire de laquelle ils ont été rengagés ou commissionnés) (1)	0 60	1 »	»
Sous-officiers indigènes des régiments de tirailleurs	0 20	0 30	0 40
Caporaux et soldats indigènes des régiments de tirailleurs	0 10	0 20	0 30

(1) Pour les caporaux, brigadiers et soldats rengagés, la première haute paye est due après trois ans de service et la deuxième haute paye après six ans de service. (Tarif de l'armée coloniale.)

TARIF N° 4. — *Indemnités de rengagement. — Premières mises, primes, gratifications annuelles.*

1° Sous-officiers rengagés.

Première mise d'entretien payable au moment où le sous-officier contracte un rengagement....	Avant 5 ans de rengagement...	Pour 2 ans.	480 »
		Pour 3 ans.	720 »
		Pour 5 ans.	1.200 »
	Après 5 ans de rengagement...	Pour 2 ans.	400 »
		Pour 3 ans.	600 »
		Pour 5 ans.	1.000 »
Gratification annuelle			250 »
Primes de rengagement applicables à un rengagement de............................		2 ans......	600 »
		3 ans......	900 »
		5 ans......	2.000 »

2° Caporaux, brigadiers et soldats rengagés.

Prime de rengagement....	Pour un premier rengagement de 2 ans...........	200 »
	Pour un rengagement complémentaire de 3 ans....	400 »
	Pour un premier rengagement de 3 ans...........	300 »
	Pour un rengagement complémentaire de 2 ans....	300 »
	Pour un premier rengagement de 5 ans...........	600 »
Gratification annuelle...	Pour un rengagement de 2 ans...................	100 »
	Pour un rengagement complémentaire de 3 ans....	130 »
	Pour un rengagement de 3 ans..................	130 »
	Pour un rengagement complémentaire de 2 ans....	100 »
	Pour un rengagement de 5 ans..................	160 »

TARIF N° 5. — *Indemnité d'entrée en campagne.*

DÉSIGNATION DES GRADES.		FIXATION de l'indemnité sur le pied du tarif du 27 décembre 1890.		TAUX de l'indemnité sur le pied colonial.	
		fr.	c.	fr.	c.
Etat-major général............	Général de division	6.000	»	9.000	»
	Général de brigade.........	4.000	»	6.000	»
Intendance militaire..........	Intendant militaire.........	4.000	»	6.000	»
	Sous-intendant militaire de 1re classe...............	1.800	»	2.700	»
	Sous-intendant militaire de 2e classe................				
	Sous-intendant militaire de 3e classe................	1.000	»	1.500	»
	Adjoint à l'intendance militaire....................	900	»	1.350	»
Troupes à pied ..	Colonel....................	1.200	»	1.800	»
	Lieutenant-colonel	1.000	»	1.500	»
	Chef de bataillon ou major..	900	»	1.350	»
	Capitaine monté	700	»	1.050	»
	Capitaine non monté	600	»	900	»
	Lieutenant et sous-lieutenant montés	500	»	750	»
	Lieutenant et sous-lieutenant non montés.............	400	»	600	»

DÉSIGNATION DES GRADES.	FIXATION DE L'INDEMNITÉ sur le pied du tarif du 27 décembre 1890.	TAUX DE L'INDEMNITÉ sur le pied colonial.
	fr.	fr.
Troupes à cheval. Colonel	1.800 »	2.700 »
Lieutenant-colonel	1.200 »	1.800 »
Chef d'escadron ou major	1.000 »	1.500 »
Capitaine	700 »	1.050 »
Lieutenant et sous-lieutenant	500 »	750 »
Employés militaires de l'artillerie et du génie. Garde d'artillerie, adjoint du génie principal de 1re clas. Contrôleur d'armes principal de 1re classe	1.000 »	1.500 »
Garde d'artillerie, adjoint principal du génie de 2e cl. Contrôleur d'armes principal de 2e classe	900 »	1.350 »
Garde d'artillerie, adjoint du génie de 1re classe. Contrôleur d'armes de 1re cl.	900 »	1.350 »
Garde d'artillerie, adjoint du génie de 2e et 3e classes. Contrôleur d'armes de 2e et 3e classes	500 »	750 »
Ouvrier d'état et gardien de batterie	300 »	450 »
Archivistes des bureaux d'état-major. Archiviste principal de 1re cl.	1.000 »	1.500 »
Archiviste principal de 2e cl. et archiviste de 1re classe.	900 »	1.350 »
Archiviste de 2e et de 3e cl.	500 »	750 »
Aumônerie. Aumônier titulaire	700 »	1.050 »
Service de santé. Médecin ou pharmacien inspecteur	4.000 »	6.000 »
Médecin ou pharmacien principal de 1re classe	1.500 »	2.250 »
Médecin ou pharmacien principal de 2e classe	1.200 »	1.800 »
Médecin ou pharmacien-major de 1re classe	1.000 »	1.500 »
Médecin ou pharmacien-major de 2e classe	700 »	1.050 »
Médecin ou pharmacien aide-major	500 »	750 »
Services administratifs, y compris les officiers d'administration de la justice militaire et les greffiers. Officier d'administration principal et greffier principal.	1.000 »	1.500 »
Officier d'administration et greffier de 1re et de 2e cl.	900 »	1.350 »
Officier d'administration adjoint et aide-comptable. Greffier de 3e et 4e classes.	500 »	750 »

DÉSIGNATION DES GRADES.		FIXATION DE L'INDEMNITÉ sur le pied du tarif du 27 décembre 1890.	TAUX DE L'INDEMNITÉ sur le pied colonial.
		fr.	fr.
Vétérinaires militaires.........	Vétérinaire principal.......	1.000 »	1.500 »
	Vétérinaire en 1er..........	700 »	1.050 »
	Vétérinaire en 2e et aide-vétérinaire................	500 »	750 »
Interprètes militaires.........	Interprète principal........	900 »	1.350 »
	Interprète de 1re classe	700 »	1.050 »
	Interprète de 2e et 3e classes et interprète auxiliaire...	500 »	750 »
Sous-officiers....	Adjudant sous-officier...... Chef armurier .... Maître sellier............ Adjudant sous-officier de la justice militaire.......... Autre sous-officier de la justice militaire............	100 »	150 »

TARIF N° 6.

Tarif déterminant le nombre de rations de vivres et de chauffage à attribuer aux officiers, employés militaires, agents des divers services et hommes de troupe pendant leur séjour à Madagascar.

GRADES.	NOMBRE DE RATIONS PAR JOUR ET PAR GRADE.		
		Chauffage.	
	Vivres.	Cuisson des aliments	Préparation du café.
Général commandant le corps expéditionnaire.....	8	8	»
Généraux de brigade et assimilés.............. ..	6	8	»
Officiers supérieurs et assimilés.................	3	6	»
Capitaines et assimilés.......................	2	4	»
Lieutenants ou sous-lieutenants et assimilés.......	1 1/2	3	»
Employés militaires sous-officiers	1	2	»
Sous-officiers de troupe	1	2	1
Hommes de troupe............................	1	1	
Personnels non désignés au présent tarif.........	1	1	»

Paris, le 25 janvier 1895.

Collationné : HERBINET.   *Certifié :* F. PRIEUR.

Paris et Limoges. — Imprimerie militaire Henri CHARLES-LAVAUZELLE.

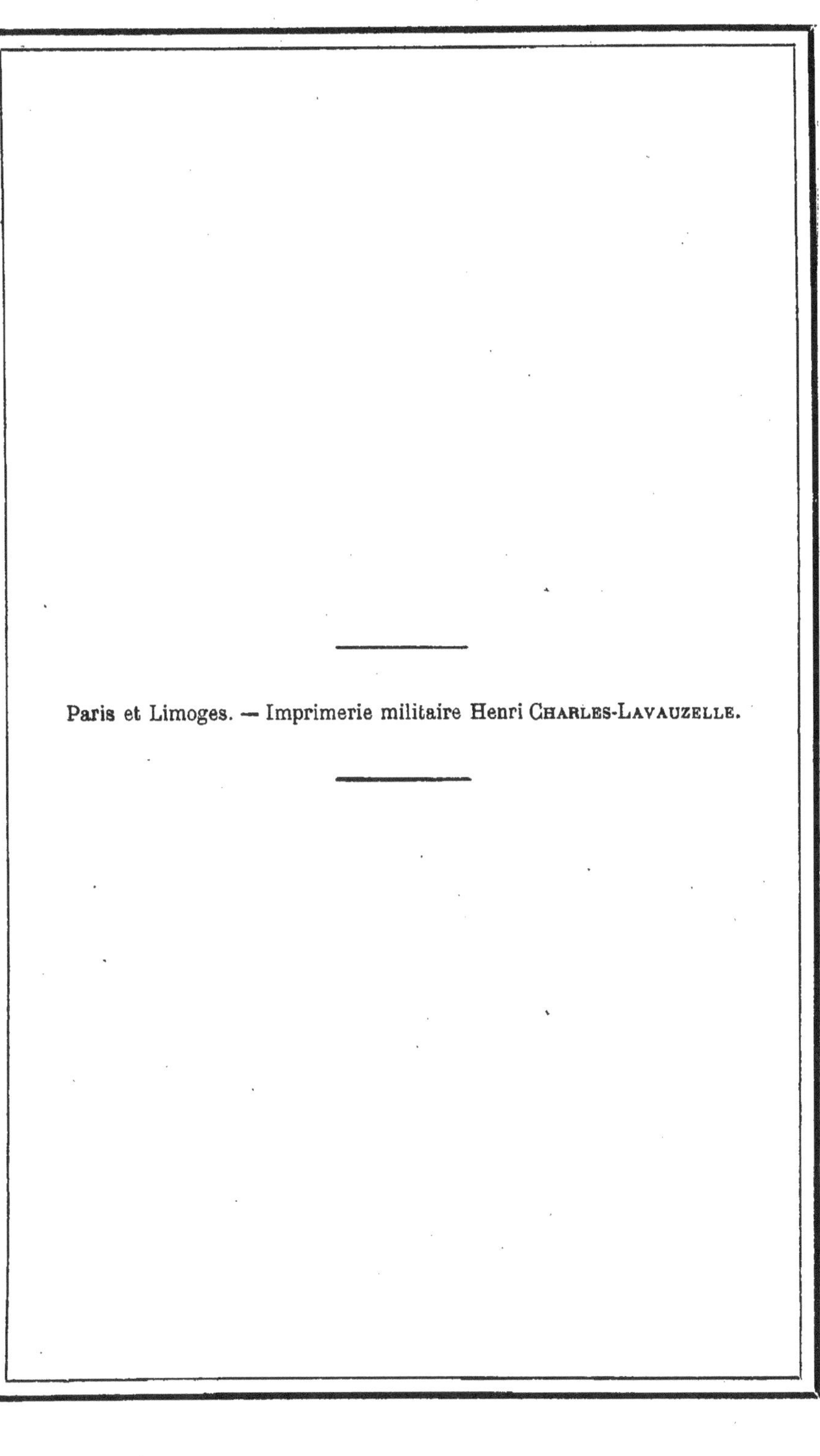

Paris et Limoges. — Imprimerie militaire Henri CHARLES-LAVAUZELLE.

www.ingramcontent.com/pod-product-compliance
Lightning Source LLC
LaVergne TN
LVHW010816180726
843502LV00009B/3368